Lapbook Ostern

1. Auflage 2024

Idee und Text: Mila Müller
Coverbilder: © Floydine – AdobeStock.com
Redaktion: Kohl-Verlag
Grafik & Satz: Tatjana Wörner & Kohl-Verlag
Druck: farbo prepress GmbH, Köln

Bestell-Nr. 13 041

ISBN: 978-3-98841-052-8

Bildquellen: © AdobeStock.com

S. 4: drubig-photo; **S. 5:** godesignz; **S. 7:** New Africa; **S. 8-10:** Renáta Sedmáková, kichigin19, Daorson, rudall30, provectors, Astrid Gast, IgorZh, Lumixera; **S. 9-28:** Iuliia; **S. 11:** Inactive; **S. 12:** Apiwan, bovicphoto, monropic, S.H.exclusiv; **S. 13:** Steffen, Lollo, Sabine Schönfeld, Elena; **S. 14:** N Savranska; **S. 17:** creativ; **S. 18:** Esta Webster, mkrberlin, languste15, Joachim (2x), emmi; **S. 19:** Victoria Guzeeva; **S. 19-21:** AldanNa; **S. 21:** olepeshkina; **S. 22:** HitToon.com; **S. 25:** zzve; **S. 28:** Fiedels; **S. 31:** Colorlife

Inhalt

So könnte dein Lapbook aussehen:

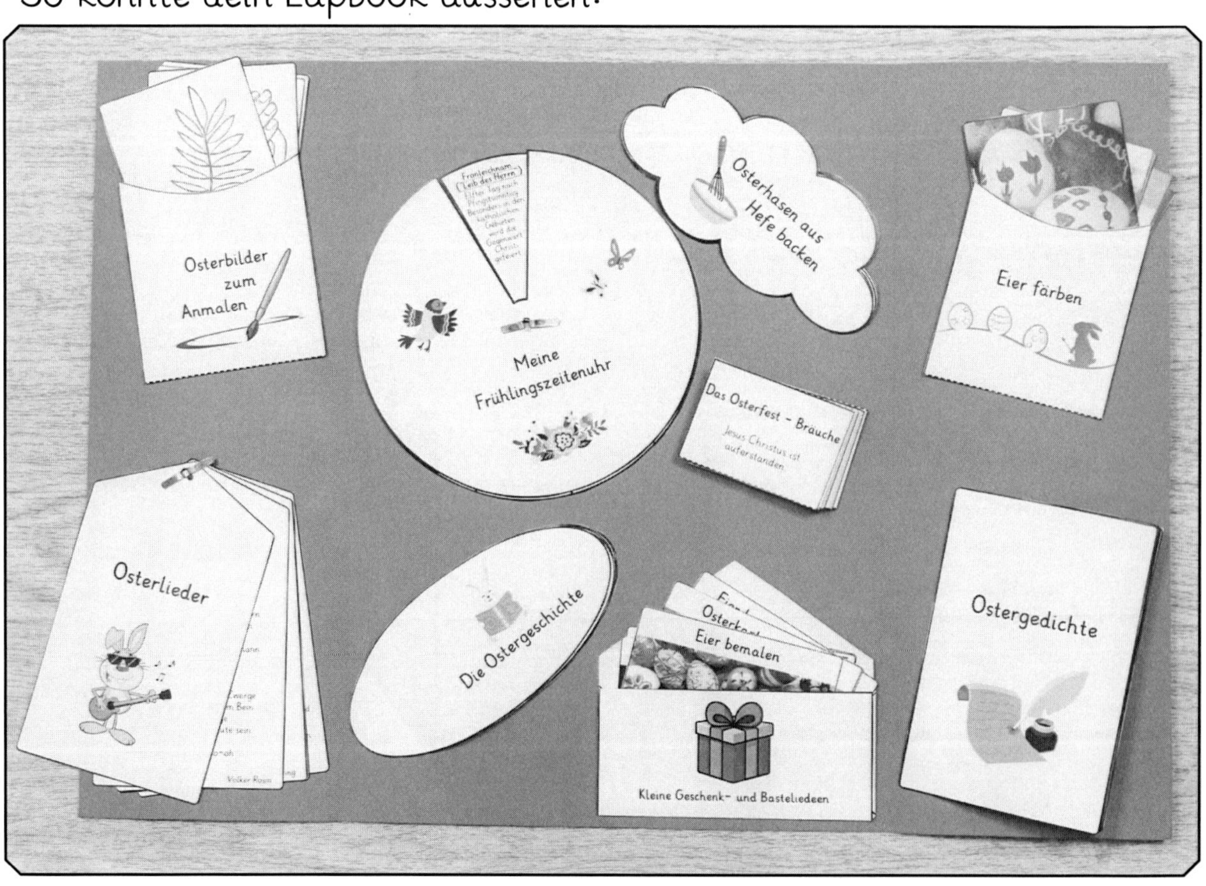

Vorwort

Im Frühling erwacht die Natur aus ihrem Winterschlaf. Die Pflanzen beginnen zu wachsen, werden grün und manche blühen. Die Tiere bekommen Nachwuchs, wer von uns erfreut sich nicht an den jungen Lämmern, den Hasenbabys oder Vögeln, die endlich wieder ihren wundervollen Gesang klingen lassen? Insgesamt wird die Welt wieder bunter, belebter und fröhlicher, alle Lebewesen bekommen „Frühlingsgefühle" und uns drängt es nach draußen. Die Tage werden länger und wärmer, die Zeit wird umgestellt und im Zentrum dieser Frühlingszeit liegt das Osterfest. Es gibt viele Traditionen, Bräuche und Erwartungen, die an dieses besondere Fest geknüpft sind. Christi Himmelfahrt, Fronleichnam und Pfingsten schließen sich an und laden dazu ein, zwischen all dem bunten Frühlingstreiben auch besinnliche Momente zu erleben.

Die Kinder können in dem vorliegendem Lapbook ihre Bilder, ihr neues Wissen und ihre Ideen festhalten und es später immer wieder zur Hand nehmen, um darin zu stöbern. Ein Lapbook besteht meist aus einem Fotokarton, der mittig zu einer Art Schrank gefaltet wurde. Dort hinein kleben die Kinder kleine Büchlein, Schatztruhen mit darin befindlichen Zetteln, Hexentreppen und vieles mehr. Auf all diesen einzelnen Elementen ist ein Teil des Themas verewigt, wobei der kindlichen Kreativität keine Grenzen gesetzt werden.
Die Vorlagen können von den Mädchen und Jungen genutzt werden, müssen es aber nicht. Es ist durchaus legitim, wenn sie eigene Formen entwerfen, einen Themenkomplex statt in einem Faltbüchlein in einem Leporello darstellen, um am Ende wirklich ihr ganz eigene Lapbook in den Händen halten zu können.
Am Ende des vorliegenden Buches finden die Kinder noch freie Vorlagen als Anregung bzw. zum freien Gestalten.

Und nun wünsche ich Ihnen, auch im Namen meines gesamten Teams vom Kohlverlag, von Herzen eine spannende und lehrreiche Zeit mit dem Lapbook „Ostern".
Der gesamte Erlös aus diesem Buch wie auch aus all meinen anderen Werken fließt wie immer zu 100 % in den Tierschutz!

Mila Müller

So schätze ich mein Lapbook selbst ein

Name: ______________________________

Klasse: _____________

Seite	Thema	begonnen	erledigt

Materialliste, Lapbook basteln

Was brauchst du?

- Schere, für runde Formen evtl. Nagelschere
- Klebstoff
- 1 Papiermappe oder 1 bunte DIN A2 Pappe + 1 buntes DIN A4 Blatt (Variante 2).
- verschiedene Stifte, z. B. Bunt-, Faser-, Wachsmalstifte (+ weißer Stift)
- Büroklammern
- 1 Klarsichthülle (um angefangene Papierteile sicher aufzubewahren)
- Papierschnipsel, Sticker, Stanzteile, Bilder ... alles, was zum Thema Ostern passt, zum Verzieren

So gestaltest du dein Lapbook

<u>1. Variante</u>

- Suche dir einen farbigen Fotokarton in der Größe DIN A2.
- Falte den Karton in der Mitte und klappe ihn wieder auseinander.
- Schon hast du ein Lapbook! Du kannst nun das Titelbild aufkleben und den Inhalt gestalten und einkleben. Überlege gut, bevor du den Innenteil befestigst.

<u>2. Variante</u>

- Nimm wieder einen farbigen Fotokarton.
- Falte den Karton in der Mitte. Danach faltest du die rechte und die linke Seite des Kartons zur Mitte hin. Klappe den Karton wieder auseinander. Nun sind 3 Knicke entstanden.

- Du kannst jetzt ein farbiges DIN A4 Blatt in die Mitte kleben. Dann klappst du die Seitenteile zu. Dein Lapbook ist fertig!
- Das Titelbild teilst du in der Mitte und klebst es auf.

Lapbook erweitern

Lapbook – Variationen

Wenn der Platz nicht reicht, weil du noch mehr erfahren hast oder einige Bilder einfügen möchtest: dann wird dein Lapbook einfach erweitert!

Du kannst oben und unten, rechts und links weitere Klappen ankleben. Am besten klebst du die Klappen mit einem breiten Klebestreifen fest.

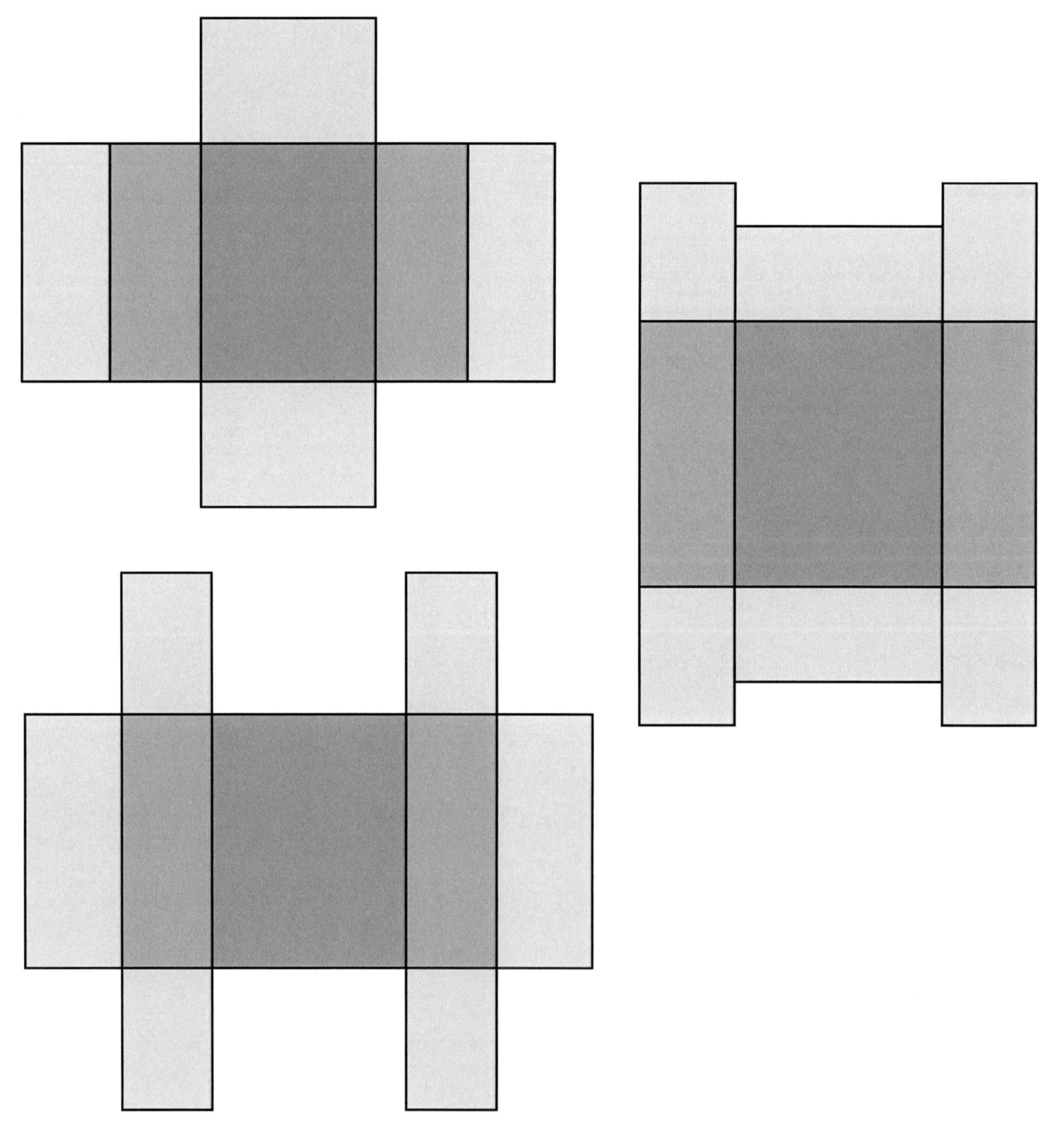

Mein Oster-Lapbook

Name: ______________________

Das Osterfest – Bräuche

Schneide die folgenden Teile aus und füge sie passend in das Leporello auf den nächsten zwei Seiten ein. Schneide diese auch aus und füge sie zusammen. Klebe die Rückseite von Teil 8 in dein Lapbook.

Das Osterfest – Bräuche

nach hinten knicken

nach vorne knicken

Das Osterfest – Bräuche

Jesus Christus ist auferstanden.

hier das passende Teil ankleben

hier Teil 2 ankleben

2

An diesem Tag denken die Christen ganz besonders an Jesus und seine Jünger, die am Tag vor seinem Tode zusammen gegessen haben.

hier das passende Teil ankleben

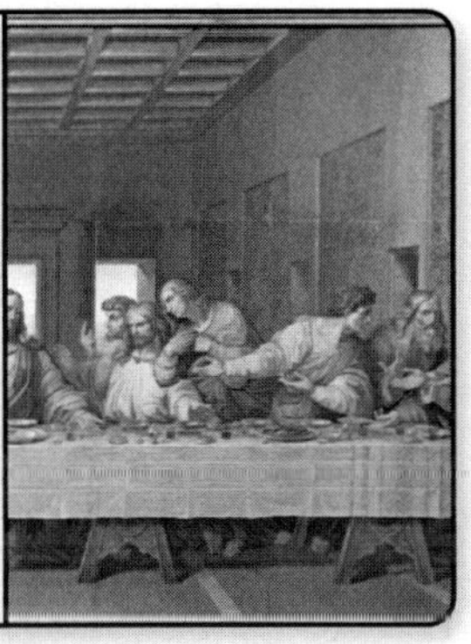

hier Teil 3 ankleben

3

Dieses ist der höchste Feiertag für Christen.

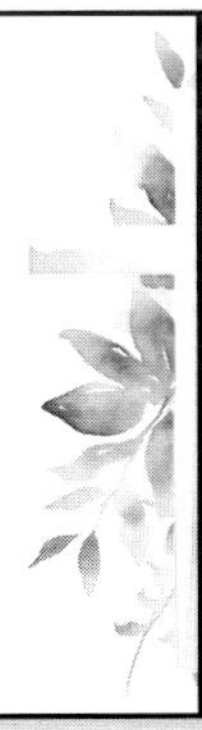

hier das passende Teil ankleben

hier Teil 4 ankleben

4

An diesem Tag werden nach einem alten Brauch nur grüne Speisen gegessen: Kräutersoßen, grüne Suppen, Spinatkrapfen u. ä.

hier das passende Teil ankleben

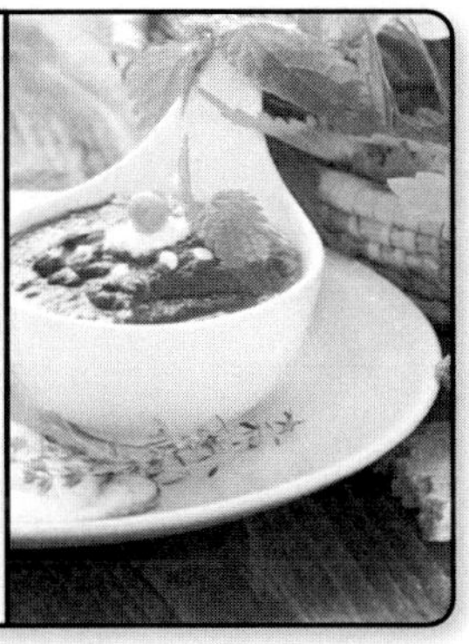

hier Teil 5 ankleben

KOHL VERLAG LAPBOOK OSTERN – Bestell-Nr. 13 041

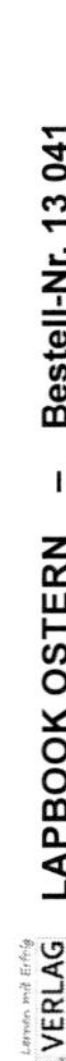

Das Osterfest – Bräuche

nach hinten knicken

nach vorne knicken

5 Früher lud man am Gründonnerstag auch die Menschen wieder in die Kirche ein, die im Laufe des Jahres vom Gottesdienst ausgeschlossen worden waren.

hier das passende Teil ankleben

*hier **Teil 6** ankleben*

6 Christus zog auf einem Esel in Jerusalem ein. Die Menschen legten Palmzweige auf den Weg, um ihn zu ehren.

hier das passende Teil ankleben

*hier **Teil 7** ankleben*

7 An diesem Tag denken die Christen besonders an die Kreuzigung und den Tod von Jesus Christus. Es ist ein Tag der Buße und des Fastens.

hier das passende Teil ankleben

*hier **Teil 8** ankleben*

8 Es ist Tradition, am Sonntag vor Ostern Sträuße aus Weidenzweigen und Buchsbaum zu verschenken. Sie erinnern an die Palmzweige.

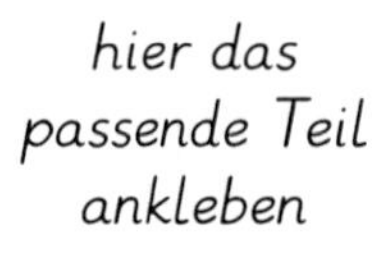

hier das passende Teil ankleben

Rückseite von diesem Teil an das Lapbook ankleben

Kleine Geschenk- und Bastelideen rund um das Osterfest

Schneide das Kuvert aus, falte es an den gestrichelten Linien nach hinten und klebe es mit den seitlichen Klebelaschen zusammen.

Schneide die Kärtchen auf den nächsten zwei Seiten aus. Nun kannst du die Kärtchen in das Kuvert stecken.

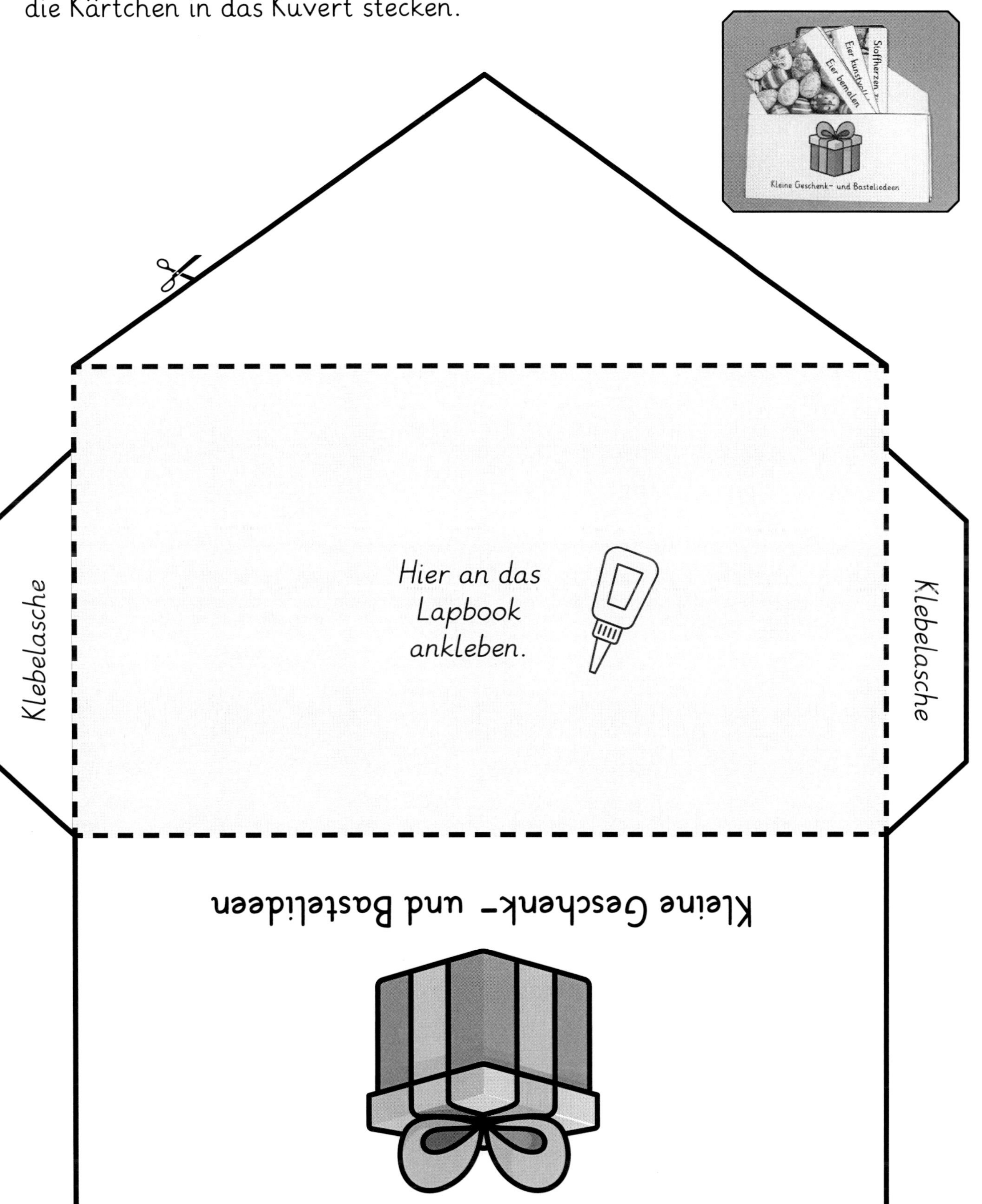

Kleine Geschenk- und Bastelideen rund um das Osterfest

Eier bemalen

Osterkarten basteln

Osterkörbchen basteln

Stoffherzen zuschneiden

Kleine Geschenk- und Bastelideen rund um das Osterfest

Hasenbecher basteln

Hasenkleider basteln

Eier kunstvoll bekleben

Bunte Tulpen basteln

Die Ostergeschichte

Schneide die Formen aus. Falte die Elipsen an den gestrichelten Linien und klebe jeweils die Klebeflächen übereinander. Zum Schluss klebst du das Büchlein an dessen letzter Rückseite in dein Lapbook.

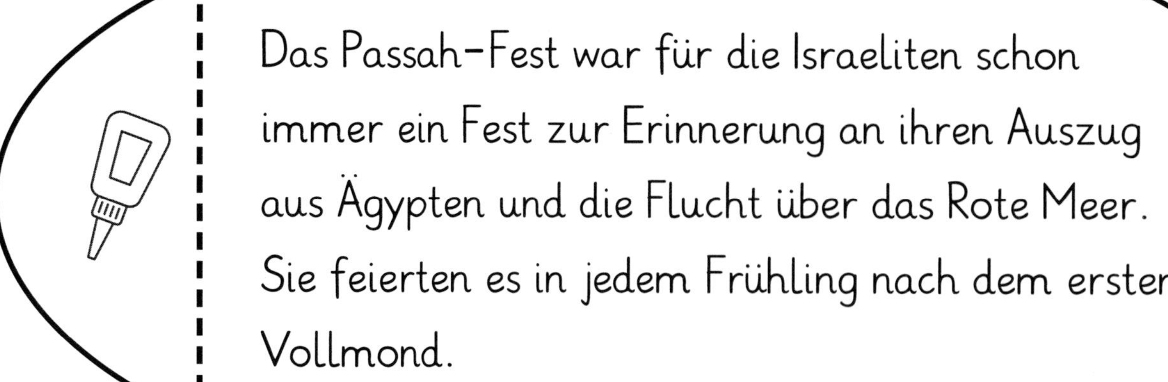

Das Passah-Fest war für die Israeliten schon immer ein Fest zur Erinnerung an ihren Auszug aus Ägypten und die Flucht über das Rote Meer. Sie feierten es in jedem Frühling nach dem ersten Vollmond.

Die Ostergeschichte

Im Jahr der Kreuzigung ritt Jesus am Sonntag vor diesem Fest auf einem Esel nach Jerusalem. Bei ihm waren seine 12 Jünger. Die Menschen legten ihm Palmzweige auf den Weg, um ihn zu ehren. Darum heißt dieser Tag Palmsonntag. Es waren aber nicht alle Menschen freundlich und einige beschlossen, ihn zu fangen und zu töten.

Am Abend des Passah-Festes aß Jesus mit seinen Jüngern gemeinsam zu Abend. Er teilte das Brot mit ihnen. Die Kommunion in der katholischen Kirche erinnert heute noch daran.

Nach dem Essen ging Jesus mit seinen Jüngern zum Beten auf den Ölberg. Judas, einer seiner Jünger, wollte Jesus töten lassen. Darum hatte er mit Soldaten besprochen, dass der Mann, den er küsste, Jesus sei und sie ihn gefangen nehmen sollten.

KOHL VERLAG LAPBOOK OSTERN – Bestell-Nr. 13 041

Die Ostergeschichte

Der römische Stadthalter Pontius Pilatus verhörte Christus. Als er ihn fragte, ob er Gottes Sohn sei und Jesus dem zustimmte, wurde er wegen Gotteslästerung verurteilt. An dem Tag, den wir heute Karfreitag nennen, wurde Christus hingerichtet.

Er musste selber das schwere Holzkreuz auf seinen Schultern tragen. Später wurde er daran festgenagelt. Eine Dornenkrone wurde ihm auf den Kopf gesetzt. Nachdem er gestorben war, nahmen Freunde von ihm den Leichnam vom Kreuz, salbten, ölten ihn und wickelten ihn in Tücher. Dann legten sie ihn in ein Grab.

Die Bibel beschreibt, dass am folgenden Sonntag, unser heutiger Ostersonntag, die Grabkammer leer aufgefunden wurde. Der schwere, große Stein am Eingang war zur Seite gerollt worden und der Leichnam war verschwunden. Diese freudige Nachricht verbreitete sich rasch bei den Christen. Seitdem ist der Ostersonntag der höchste Feiertag der Christen.

Eier färben

Schneide die Umschlag-Vorlage aus und bastle daraus eine Tasche. Schneide auch die Bilder aus und stecke sie in die Tasche „Eier färben".

Eier färben

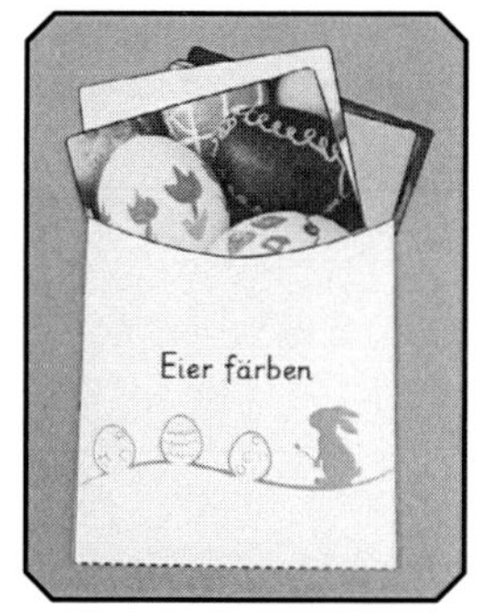

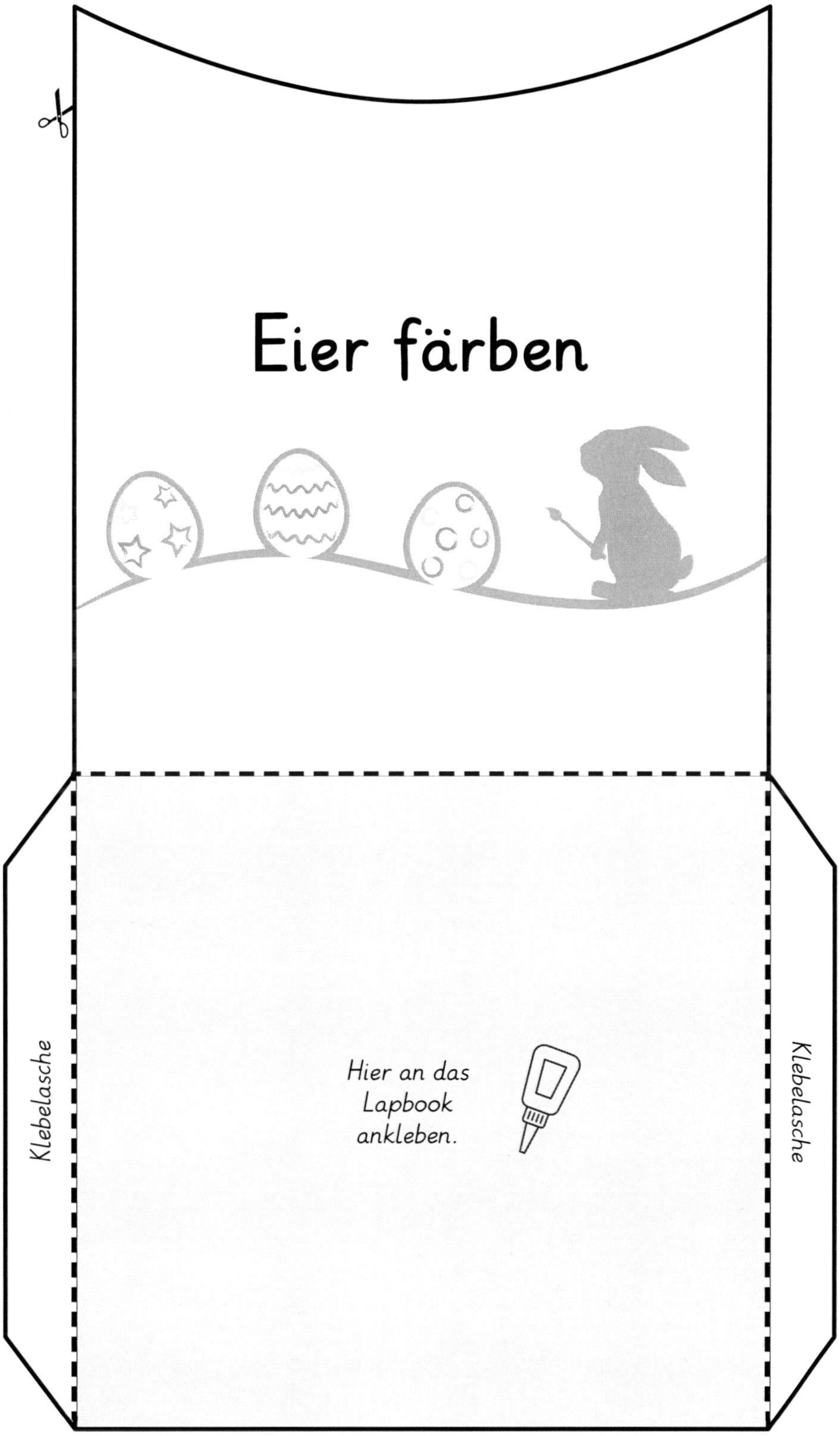
Eier färben
Klebelasche
Hier an das Lapbook ankleben.
Klebelasche

Eier färben

KOHL VERLAG Lernen mit Erfolg LAPBOOK OSTERN ■ Bestell-Nr. 12 941

Osterhasen aus Hefeteig backen

Schneide die Formen aus. Falte die Wolken an den gestrichelten Linien und klebe jeweils die Klebeflächen übereinander. Zum Schluss klebst du das Büchlein an dessen letzter Rückseite in dein Lapbook.

Osterhasen aus Hefeteig backen

500 g Mehl • 100 g Zucker • 1 Prise Salz •
1 Würfel Hefe • 300 ml Milch, fettarme •
1 TL Milch, fettarme zum Bepinseln •
75 g Butter • 2 Eigelb • 1 EL Mandelstifte •
1 EL Rosinen • Marzipanmöhren

Osterhasen aus Hefeteig backen

Mehl, Zucker und Salz in eine Rührschüssel geben und in die Mitte eine Mulde drücken. Die Hefe zerbröckeln. 100 ml Milch lauwarm erwärmen, mit der Hefe in die Mulde geben. Mit etwas Mehl vom Rand her verrühren, zugedeckt an einem warmen Ort ca. 15 Minuten gehen lassen.

200 ml Milch erwärmen. Das Fett darin schmelzen lassen. Mit 1 Eigelb zum Vorteig geben und alles glatt verkneten. Zugedeckt ca. 30 Minuten gehen lassen.

Die Hälfte des Teiges zu einer Rolle formen und in 10 Stücke teilen. Zu Kugeln formen und auf 2 Backbleche legen. 2 / 3 des übrigen Teiges ebenfalls zu einer Rolle formen und in 10 Stücke für die Köpfe teilen. Die Teigstücke zu Kegeln formen und an der Spitze zu 2 / 3 für die Ohren einschneiden.

Osterhasen aus Hefeteig backen

Teigkugeln und Köpfe zusammensetzen, etwas andrücken. Aus dem Rest Teig Füße und Arme formen, an den Körper drücken. Die Rosinen halbieren und als Augen und Nase in den Teig drücken. Die Mandelstifte als „Zähnchen" ebenfalls in den Teig drücken.

Übriges Eigelb und 1 TL Milch verrühren. Die Hasen damit einstreichen. Im heißen Ofen bei 200 °C (Umluft: 175 °C, Gas: Stufe 3) ca. 10 Minuten backen. Auskühlen lassen und mit den Marzipanmöhren verzieren.

Osterlieder

Schneide die Formen aus, loche die Kreismarkierungen und verbinde so den Stapel mit einer Briefklammer. Zum Schluss klebst du den Stapel an dessen letzter Rückseite in dein Lapbook.

Hoppelhase Hans, oho-oh
Macht heut einen Tanz, oho-oh
Hoppelhase Hans, oho-oh
Seht mal an, der kann's, oho-oh
Er winkt allen Kindern jetzt zu
Hallo, ich bin ich, wer bist du?
Komm auch dazu

Der Tanz geht los mit den Fingern
Und dann sind die Hüften dran
Die Arme schlingern
Gerade so, wie ein Schlangenmann

Hoppelhase Hans, oho-oh ...

Wir werden klein, wie die Zwerge
Und stehen dann auf einem Bein
Groß, wie die Berge
Gerade so woll'n wir heute sein

Hoppelhase Hans, oho-oh ...

Volker Rosin

Osterlieder

A B C,
Häschen sitzt im Klee.
Der Löwenzahn, der schmeckt so gut.
Oh lieber Has', sei auf der Hut!
A und B und C,
Häschen sitzt im Klee.

D E F G,
Ohren in die Höh'.
Wer schleicht auf leisen Pfoten her?
Der Fuchs! Der Has erschrickt so sehr.
D E F und G,
Ohren in die Höh'.

H I J K,
ratet, was geschah!
Es schlägt die Haken ganz geschwind,
das kann ein flinkes Hasenkind.
H I J und K,
ratet, was geschah!

Carl Gottlieb Hering

Stups, der kleine Osterhase
fällt andauernd auf die Nase.
Ganz egal, wohin er lief,
immer ging ihm etwas schief.

Neulich legte er die Eier
in den Schuh von Fräulein Meier.
Früh am Morgen stand sie auf;
da nahm das Schicksal seinen Lauf:
Sie stieg in den Schuh hinein,
schrie noch einmal kurz: „Oh, nein!"
Als sie dann das Rührei sah,
wusste sie schon, wer das war.

Stups, der kleine Osterhase
fällt andauernd auf die Nase.
Ganz egal, wohin er lief,
immer ging ihm etwas schief.

Rolf Zuckowski

Osterlieder

Ich lieb den Frühling, ich lieb den Sonnenschein.
Wann wird es endlich mal wieder wärmer sein?
Schnee, Eis und Kälte müssen bald vergehn.
Dum, di da, di dum, di da, di dum, di da,
di dum, di da, di

I like the flowers, I like the daffodils,
I like the mountains, I like the rolling hills.
I like the fireplace, when the light is low.
Dum, di da, di dum, di da, di dum, di da,
di dum, di da, di

Volkslied

Old Mister Rabbit,
you've got a mighty habit.
Of jumping in the garden
and eating all my cabbage.

Old Mister Rabbit,
you've got a mighty habit.
Of jumping in the garden
and eating all my carrots.

Old Mister Rabbit,
you've got a mighty habit.
Of jumping in the garden
and eating all my salad.

Amerikanisches Kinderlied

(Das Lied lässt sich beliebig mit weiteren Gemüsesorten ergänzen.)

Ostergedichte

Schneide die Formen aus. Falte die Kärtchen an den gestrichelten Linien und klebe jeweils die Klebeflächen übereinander. Zum Schluss klebst du das Büchlein an dessen letzter Rückseite in dein Lapbook.

Henne oder Ei?

Die Gelehrten und die Pfaffen
streiten sich mit viel Geschrei,
was hat Gott zuerst erschaffen
wohl die Henne, wohl das Ei!

Wäre das so schwer zu lösen
erstlich ward ein Ei erdacht,
doch weil noch kein Huhn gewesen
darum hat's der Has gebracht!

Eduard Mörike (1804 - 1875)

Der erste Ostertag

Fünf Hasen, die saßen beisammen
dicht.
Es macht ein jeder, ein traurig
Gesicht.
Sie jammern und weinen.
Die Sonn' will nicht scheinen!
Bei so vielem Regen.
Wie kann man da legen den
Kindern das Ei?
O weih, o weih!
Da sagte der König:
So schweigt doch ein wenig!
Lasst Weinen und Sorgen.
Wir legen sie morgen!

Heinrich Hoffmann (1809 - 1894)

Ostergedichte

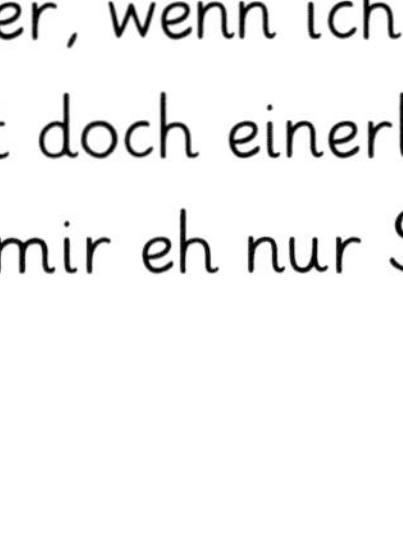

Das Spiegelei

Jetzt ist sie da: die Qual der Wahl!
Sicher ist nur: es bleibt oval.
Form ich eins aus grüner Knete?
Färb ich schnell mit roter Beete?
Bunte Muster auf der Schale?
Ist es besser, wenn ich male?
Ach, es ist doch einerlei,
Ich mach mir eh nur Spiegelei!

Ronald Rothenburger

Die Regenbogenhand

Ja Lukas, was hast du gemacht
Spricht seine Mutter aufgebracht
Die eine Hand rot, orange, gelb,
grün
Die andere tut blau-lila glühen

Ach Mama, du musst vor Schreck
nicht sterben
Das kommt doch nur…
… vom Eier-Färben!

Philipp Hofmann

Osterbilder zum Anmalen

Schneide die Umschlag-Vorlage aus und bastle sie zu einer Tasche. Schneide auch die Bilder aus, male sie an und stecke sie in die Tasche.

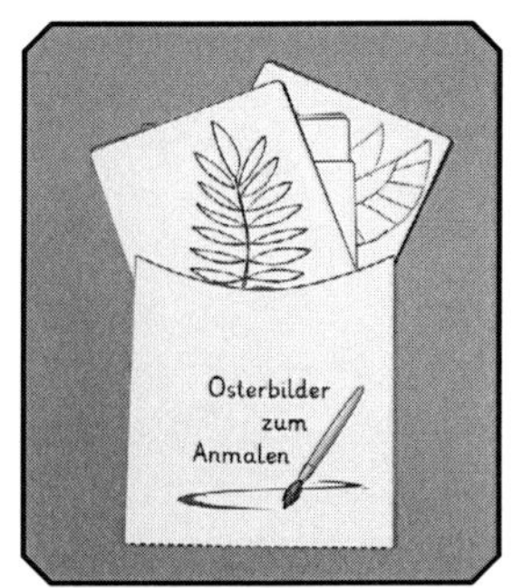

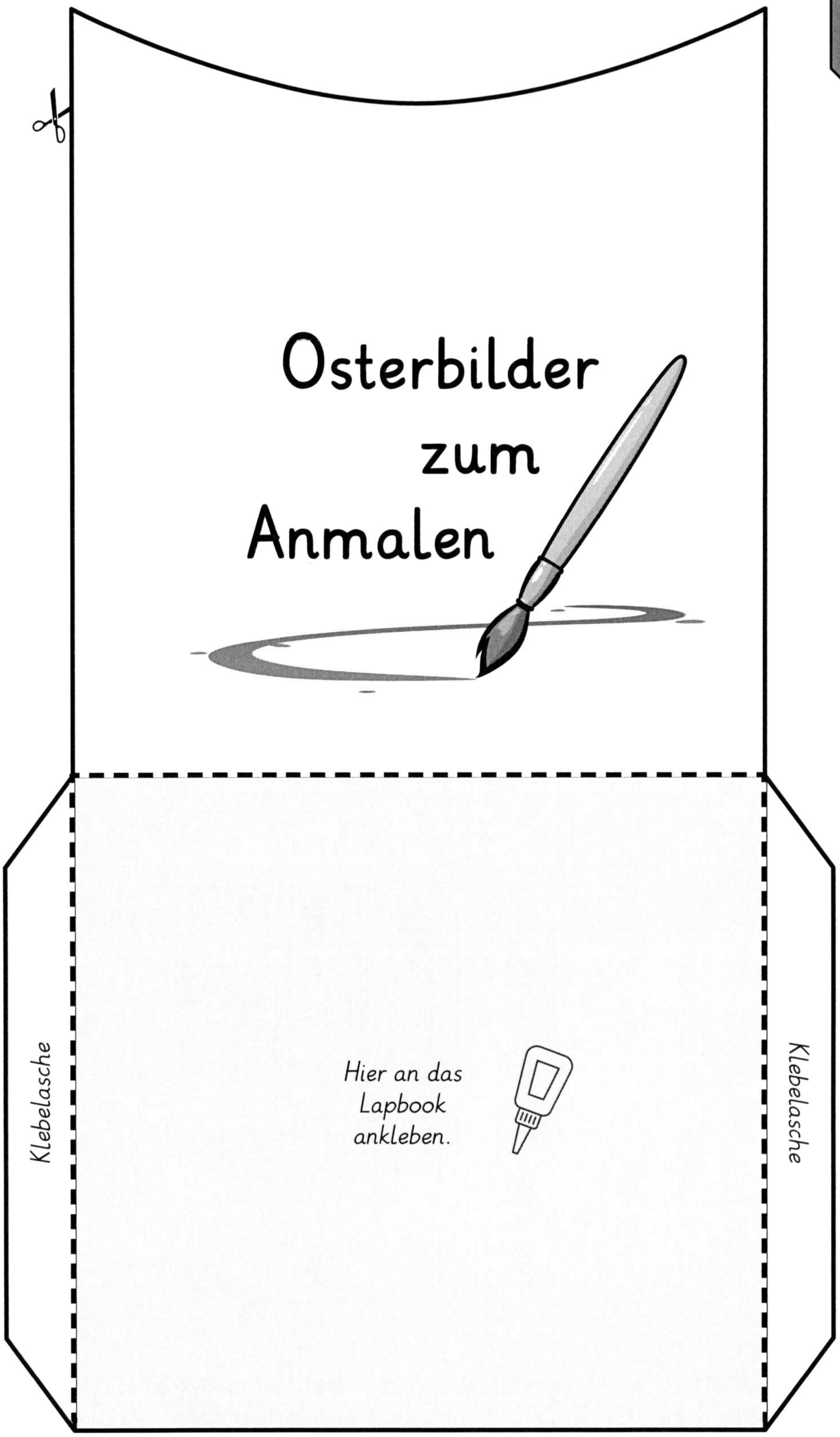

Osterbilder
zum
Anmalen

Osterbilder
zum
Anmalen
Klebelasche
Hier an das
Lapbook
ankleben.
Klebelasche

Osterbilder zum Anmalen

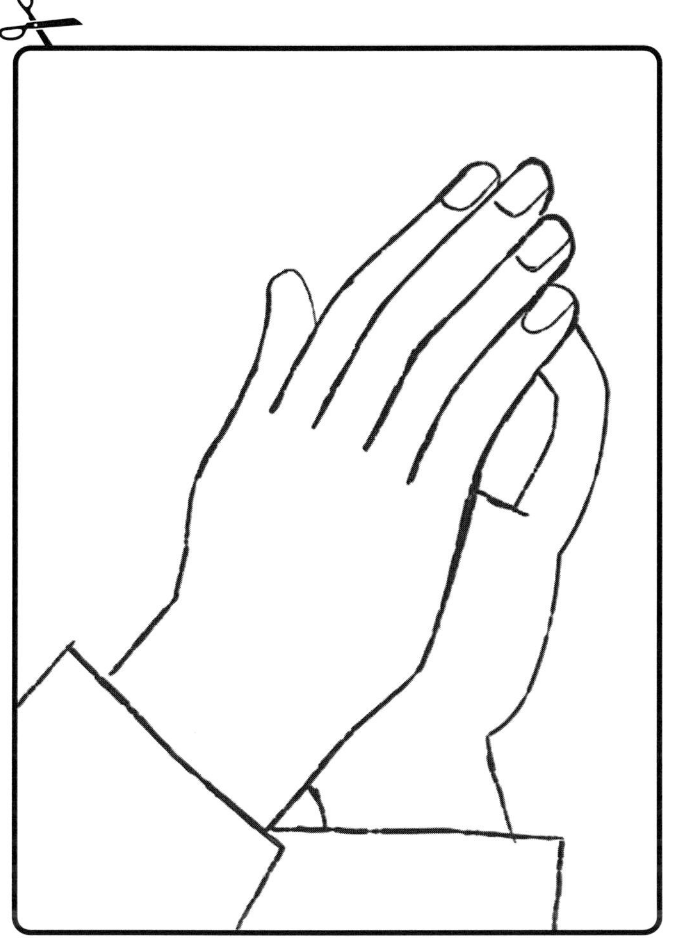

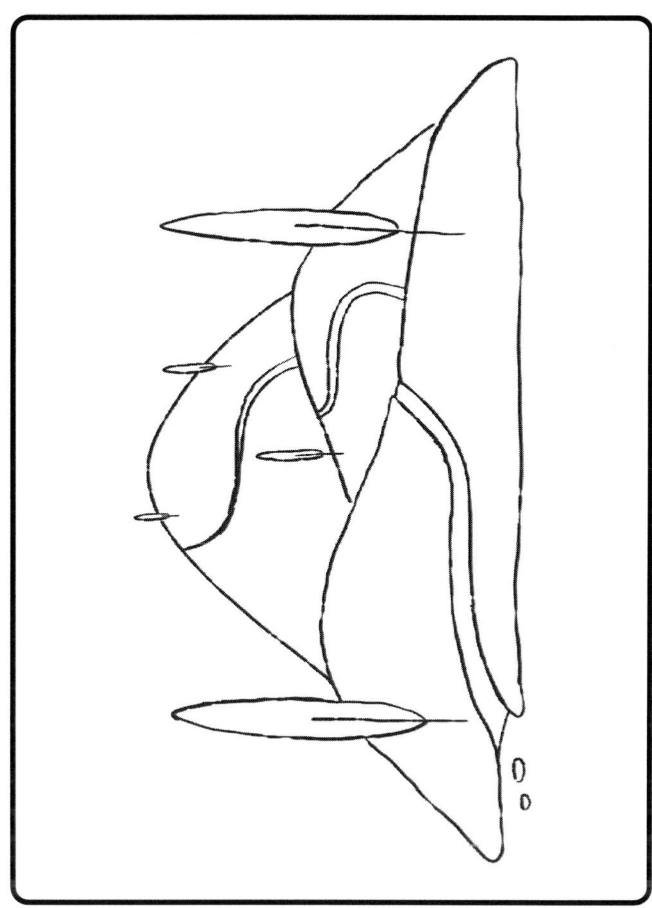

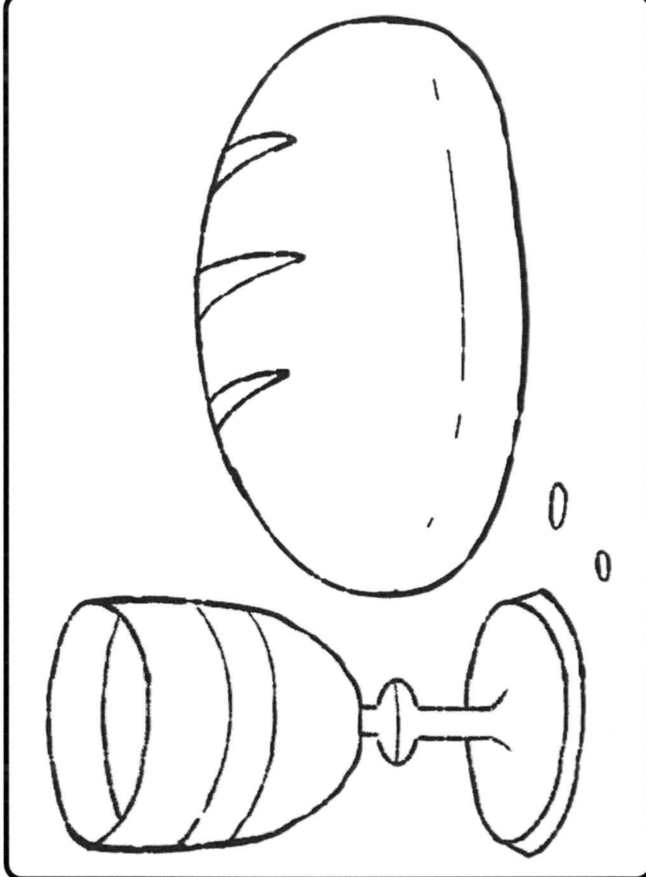

Osterbilder zum Anmalen

Meine Frühlingszeitenuhr

Schneide die Formen aus, loche die Kreismarkierungen und verbinde so die zwei Formen mit einer Briefklammer. Dabei liegt die Form "Meine Frühlingszeitenuhr" auf der Form mit dem Text. Zum Schluss klebst du die fertige Uhr an dessen Rückseite in dein Lapbook.

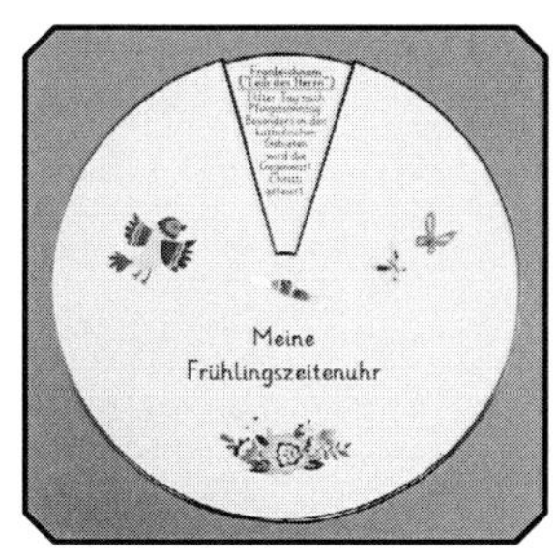

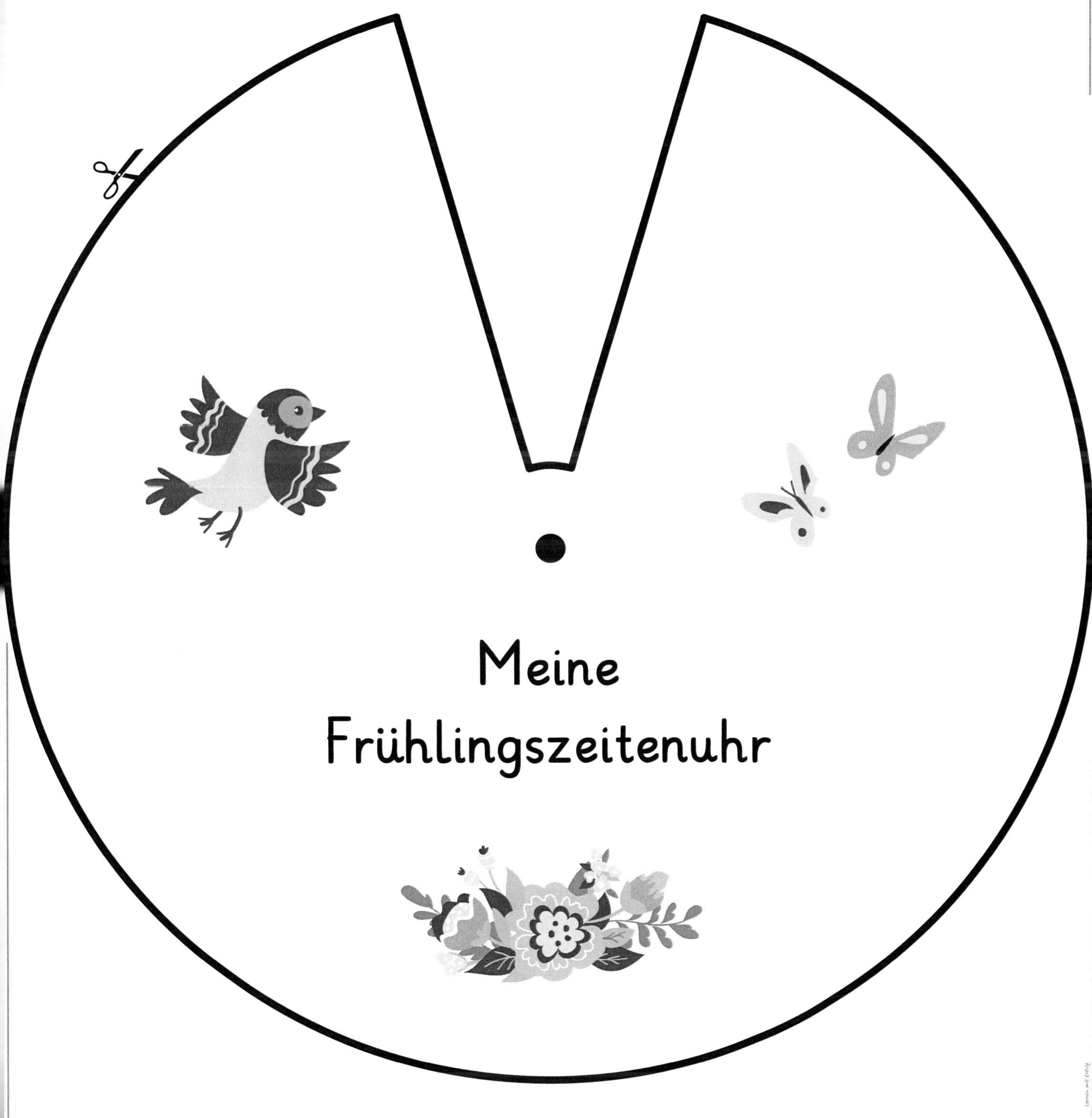

Meine
Frühlingszeitenuhr

Meine Frühlingszeitenuhr

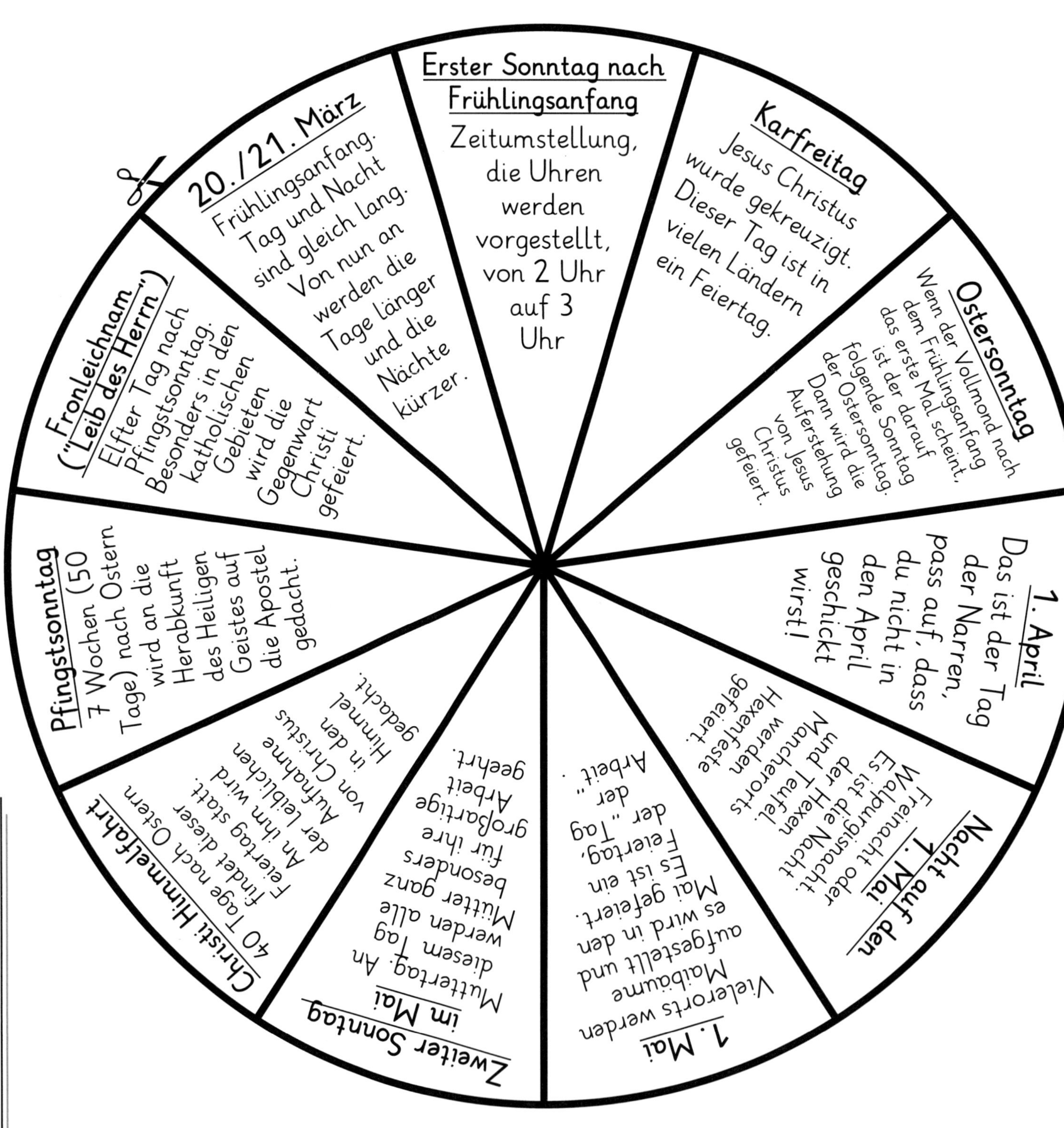